영생을 주는 소녀 2

IVP(InterVarsity Press)는
캠퍼스와 세상 속의 하나님 나라 운동을 지향하는
IVF(InterVarsity Christian Fellowship)의 출판부로
생각하는 그리스도인을 위한 문서 운동을 실천합니다.

2

영생을 주는 소녀

글 김민석
그림 안정혜

IVP

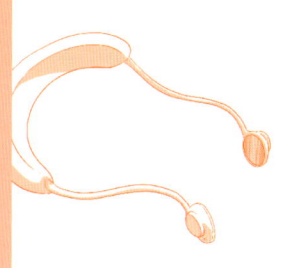

차례

주요 등장 인물　006

1화　윤민후 탈출기　008

2화　임기응변　042

3화　토브를 넘어　080

4화　나의 목사님　106

5화　차별을 찬성하는 이유　130

6화　해체　156

7화　이수연의 부탁　184

8화　폭력은 어떻게 탄생한 걸까　214

주　234

주요 등장 인물

윤다라
뇌과학을 복수 전공한 개발자.
유명 목사인 아버지가 어머니를 향해 휘두르는 폭력을
수없이 보며 자랐다. 변화를 열망하며, 에붐의 대표
이도연을 동경한다.

이도연
IT/의료 기업 '에붐'의 대표이사.
변화를 위한 기기 '토브'를 비밀리에 개발 중이며,
과거의 사건으로 인한 복수심과, 세상을 변화시키겠다는
선한 열망 사이에서 갈등한다.

윤민후
윤다라의 아버지.
유명 목사이자 신학대학교 이사장이기도 하다.
카라반에서 탈출해 위험한 일을 계획한다.

장지오
'에붐'의 사목이며, 장환 회장의 딸.
이도연 대표의 비전에 반대하며, 에붐을 차지하려는
야망을 품고 있다.

이수연
이도연의 여동생으로,
도연과 함께 '토브'를 개발하다가 충격적인 사건을 겪고
사망한다.

장환
'에붐'을 설립한 회장.
인류의 유전적 진보를 위한 거대한 프로젝트를
진행하고 있다.

오베드로
독실한 기독교 집사.
평소 존경하던 윤민후 목사를 구출한 것을 계기로,
그와 함께 극단적인 일을 벌인다.

장디모데
장환 회장의 아들이지만,
누나인 장지오와 나이 차이가 많이 난다.
디모데는 자신의 어머니가 누구인지 뒤늦게 알게 된다.

1화
윤민후 탈출기

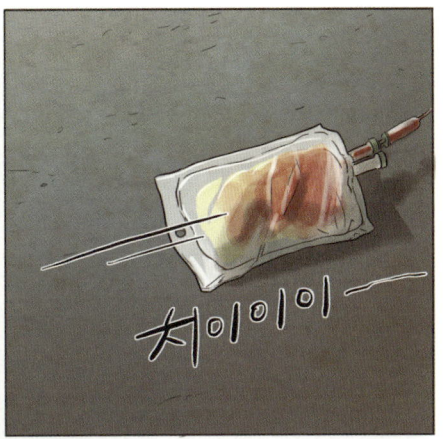

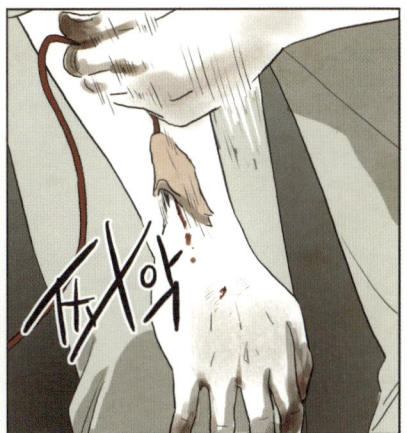

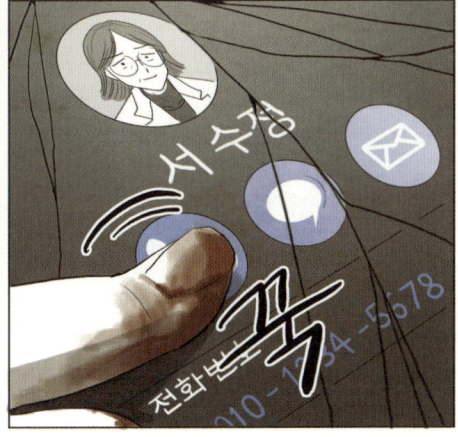

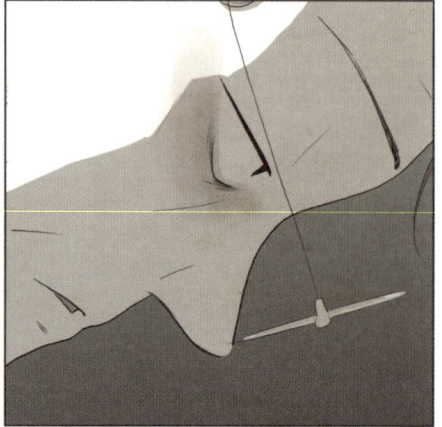

아빠 왔다.

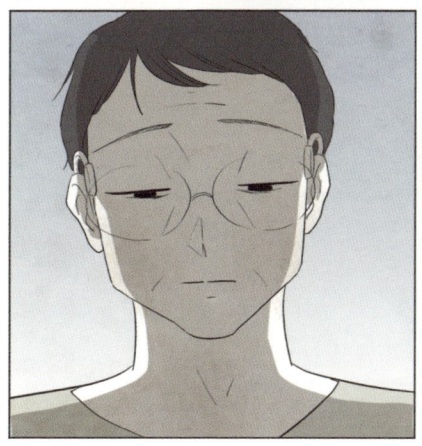

2화

임기응변

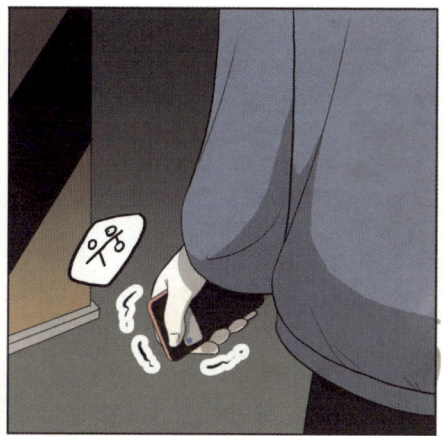

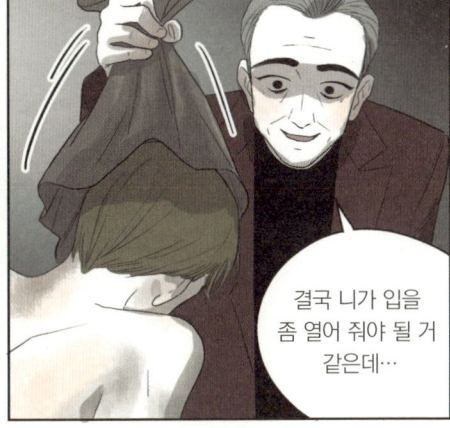

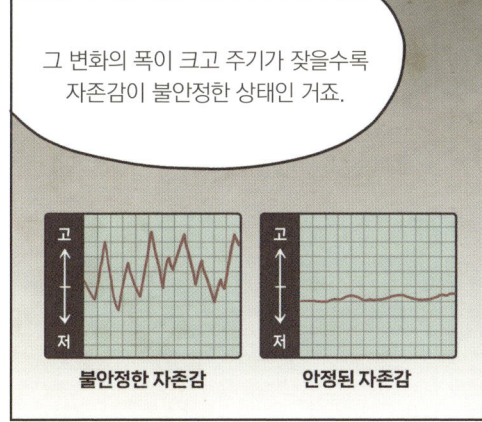

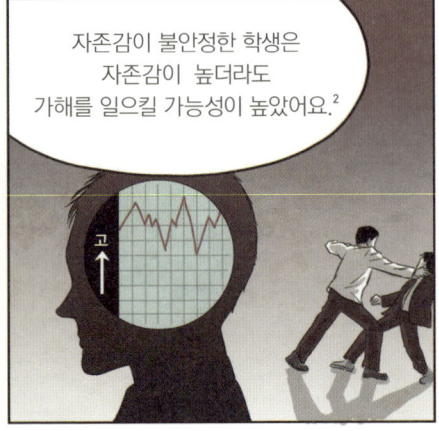

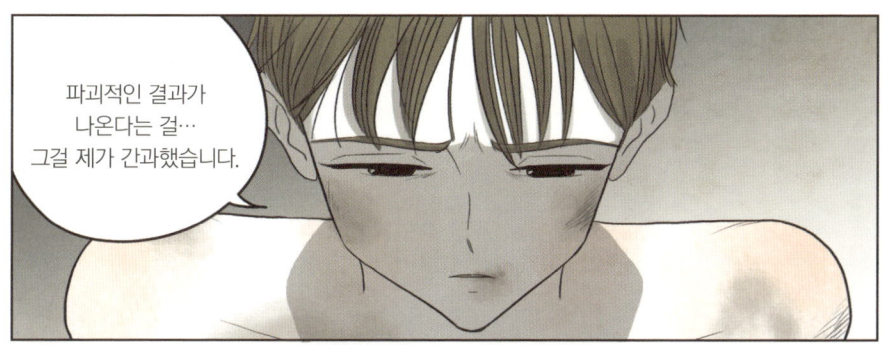

3화

토브를 넘어

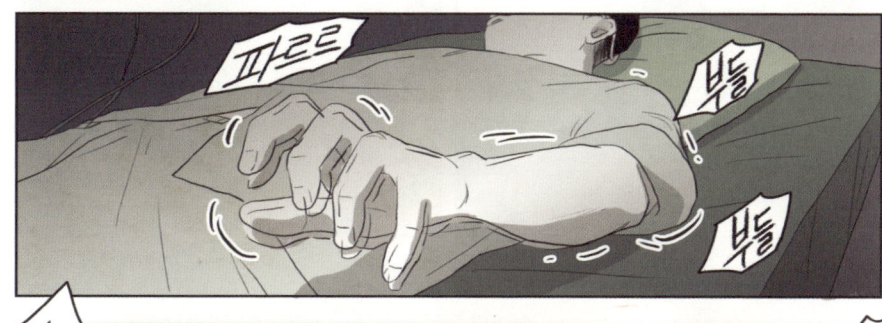

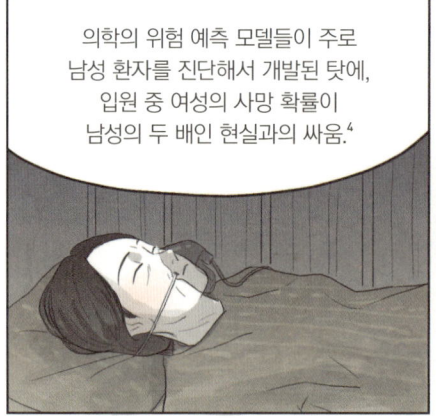

자동차가 주로 남성에게 맞춰 설계되는 탓에, 여성이 자동차 사고를 당하면 중상을 입을 확률이 남성보다 47퍼센트 높은 위험과의 싸움.[6]

그러니까 '인간'이란 기본적으로 '남성'을 의미하며

'여성'은 이차적인, 부록 같은 존재라는 의식과의 싸움이라구요.

당연히 여기에 기독교도 크게 일조했죠.

기독교인들이 존경하는 초기 교부 테르툴리아누스는 여성을 두고 '남자를 무너뜨린' '악마의 관문'이라 했고[7]

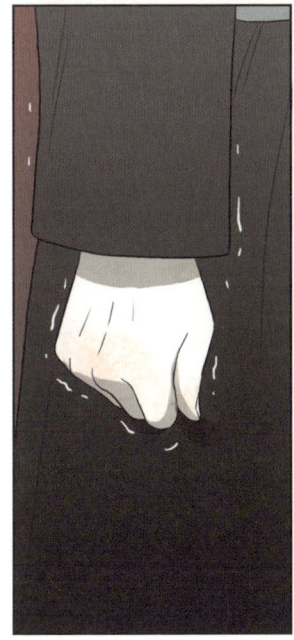

난 연약하지 않아.

4화

나의 목사님

장지오 목사님은 저의 목사님이니까. 더더욱 안 되죠.

왜 패배한 사람처럼 구십니까?

장 회장님이 목사님을 인정하든 말든 전 상관 안 합니다. 그게 뭐가 중요합니까?

요한, 넌 아직 상황 판단이 안 되는구나?

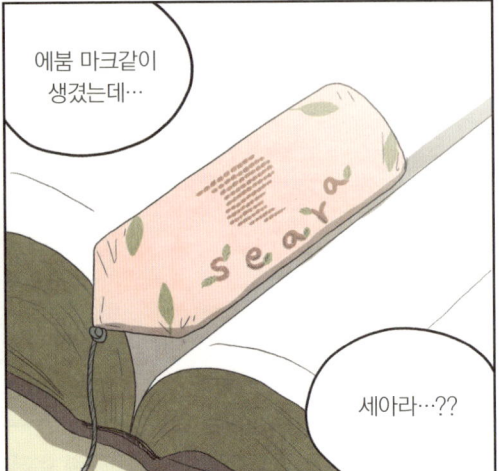

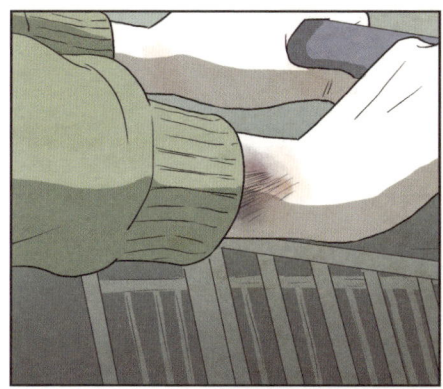

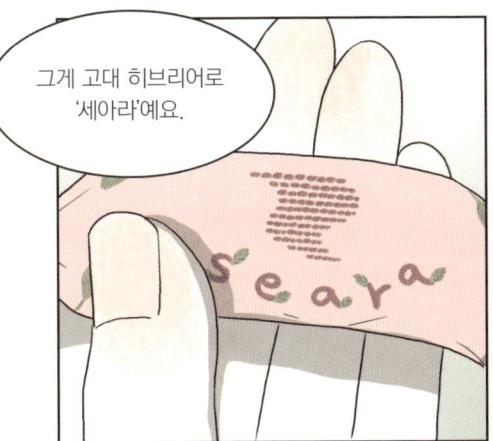

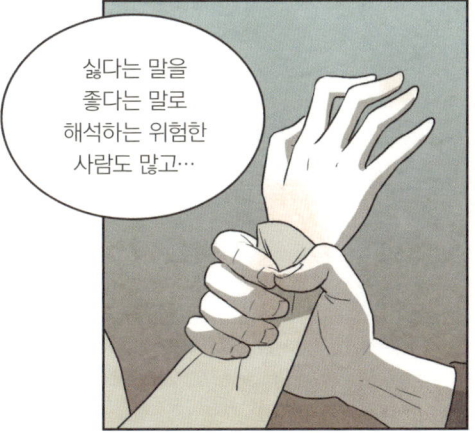

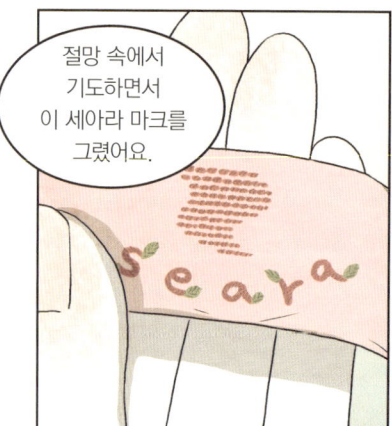

5화

차별을 찬성하는 이유

아니 어떻게 여길 찾았지?

대표님, 어떡할까요?

우리는 다라 씨만 지키면 돼.

50년 넘게 이어져 온 지오네 여자 중학교 교훈을

몇몇 학생과 학부모가 변경하라고 요구한 일이 있었거든.

'진실, 순결, 정숙'이라는 여학교다운 좋은 교훈을 '용기, 협동, 개척'으로 바꾸자는 요구였지.

ㅎㅎ 웃기지?

뭐가 웃긴가요?

난 좀 웃겼어. 학교에서 그런 요구를 진지하게 검토했단 것도 웃겼고.

근데 다행히도 교훈 교체는 없던 일이 됐지.

왜죠?

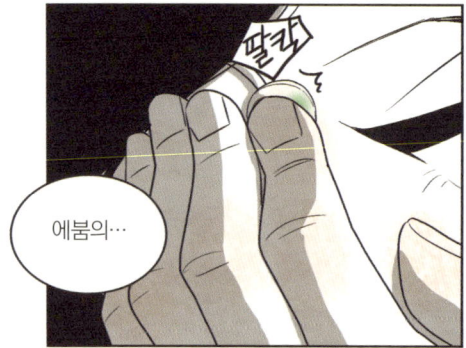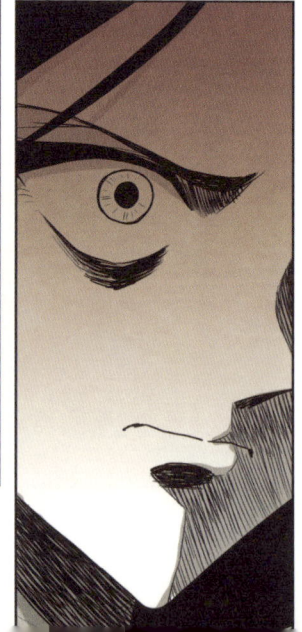

…대표님?

진정해.

하아… 내 생각보다 이 대표 마음 건강이 너무 안 좋았구나, 너무 안 좋았어.

내가 이 대표 위해서라도 '마음 건강 기기' 빨리 완성해야겠네. 그치?

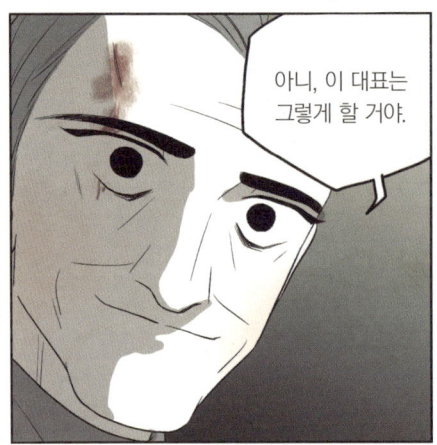

6화　　　　　　　　　　　　　　　해체

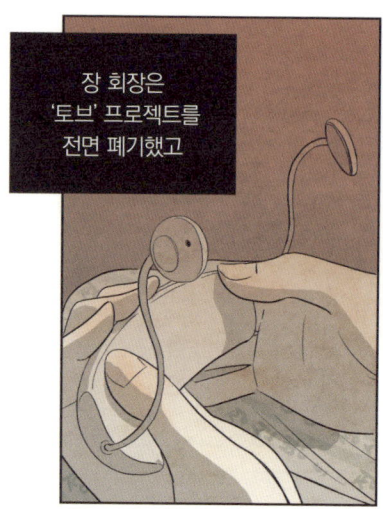

아빠는…

자신이 하나님을 위해 사탄과 싸우고 있다고 여겨요.

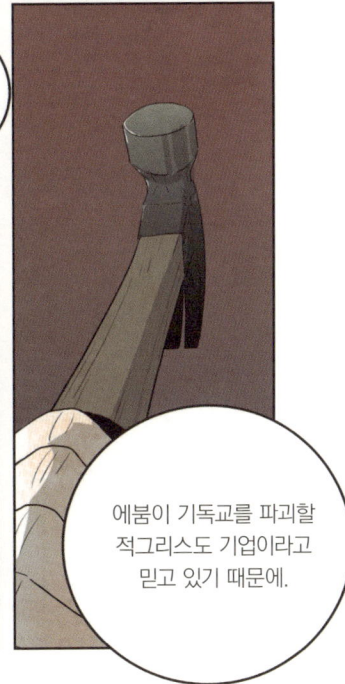

에붐이 기독교를 파괴할 적그리스도 기업이라고 믿고 있기 때문에.

7화

이수연의 부탁

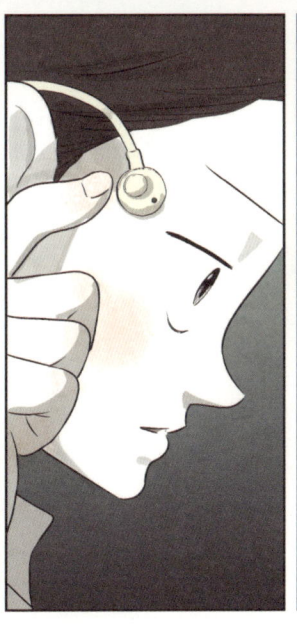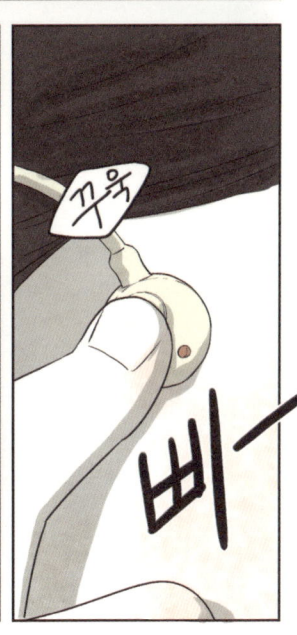

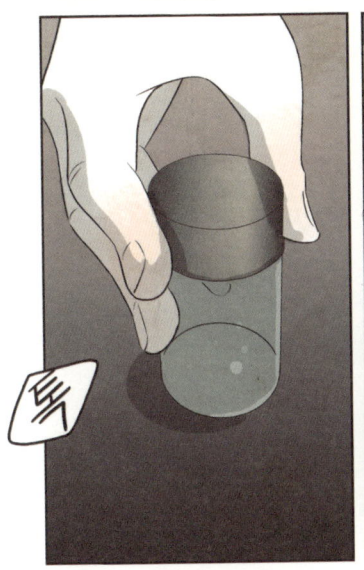

8화
폭력은 어떻게 탄생한 걸까

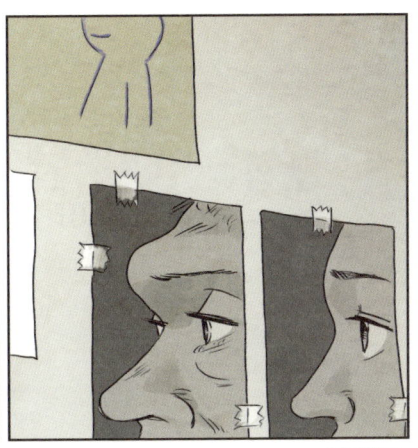

여기서… 토브를 혼자 만들고 있었던 거예요?

업무 중엔 못하니까… 퇴근하고 밤 10시부터 5-6시간 정도?

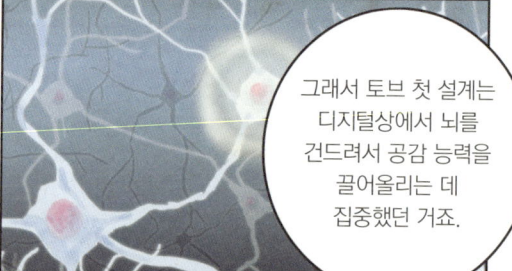

이상하게도 전쟁의 흔적을 찾을 수 없었어요.²²

그런데 마지막 빙하기가 끝나고 지구가 따땃~해지면서

말도 안 돼…

나일강부터 티그리스강 사이의 땅이 젖과 꿀이 흐르는 옥토가 됐거든요?²³

그래서 이때부터 인류는 정착하고 농사짓기 시작했는데…²⁴

딱 여기서부터 유적들에서 전쟁과 폭력이 나타나기 시작해요.²⁵

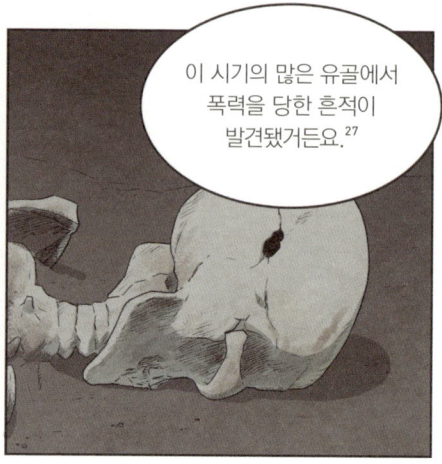

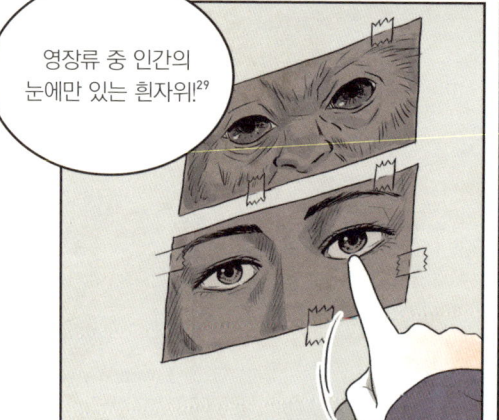

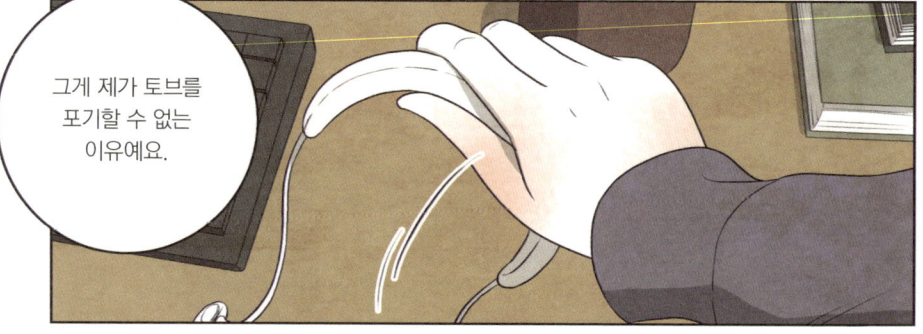

3권으로 이어집니다.

주

1. 황수진, 김현주, "자기애와 학교폭력 가해경험 간의 관계", 「미래청소년학회지」, 13권 2호, 미래를 여는 청소년학회, 57-85면.
2. 같은 글.
3. 같은 글.
4. 캐럴라인 크리아도 페레스, 『보이지 않는 여자들』(웅진지식하우스), 272면.
5. 같은 책, 152면.
6. 같은 책, 238면.
7. 일레인 스토키, 『우리가 멈추지 않는다면』(IVP), 340면.
8. 같은 책, 341면.
9. 하희정, 『역사에서 사라진 그녀들』(선율), 103면.
10. 욥기 42:7-8.
11. 욥기 38:1; 안근조, 『지혜말씀으로 읽는 욥기』(한들출판사), 201면.
12. 창세기 1:2.
13. 사도행전 2:2.
14. 안근조, 『지혜말씀으로 읽는 욥기』, 204-206면.
15. 같은 책, 204-206면.
16. 사도행전 2:4-11.
17. 미로슬라브 볼프, 『배제와 포용』(IVP), 360-362면.
18. 같은 책, 360-362면.
19. 같은 책, 367면.
20. 우한솔, "'난 영계가 좋지'…총신대 교수들 또 성희롱 막말 논란", 「KBS」, https://news.kbs.co.kr/news/pc/view/view.do?ncd=4326407. 실제 발언을 참고.

21 래리 허타도, 『처음으로 기독교인이라 불렸던 사람들』(이와우), 216면.

22 뤼트허르 브레흐만, 『휴먼카인드』(인플루엔셜), 144-145면; Jonathan Haas, Matthew Piscitelli, "The Prehistory of Warfare. Misled by Ethnography", *War, Peace, and Human Nature*, ed. Douglas Fry (Oxford University Press), 178-181면.

23 뤼트허르 브레흐만, 『휴먼카인드』, 156-157면.

24 같은 책, 156-157면.

25 같은 책, 156-157면.

26 Gregory Dow, Leanna Mitchell, Clyde Reed, "The Economics of Early Warfare over Land", *Journal of Development Economics* (July 2017). 뤼트허르 브레흐만, 『휴먼카인드』, 157면에서 재인용.

27 같은 글.

28 Carel van Schaik, Kai Michel, *The Good Book of Human Nature* (Basic Books), 50-51면. 『신은 성서를 쓰지 않았다』(시공사); 뤼트허르 브레흐만, 『휴먼카인드』, 161면.

29 뤼트허르 브레흐만, 『휴먼카인드』, 113-115면.

30 같은 책, 113-115면.

31 같은 책, 113-115면.

32 같은 책, 115면.

33 같은 책, 114면.

34 Carel van Schaik, Kai Michel, *The Good Book of Human Nature*, 48-49면; 뤼트허르 브레흐만, 『휴먼카인드』, 157면.

35 뤼트허르 브레흐만, 『휴먼카인드』, 158면.
36 같은 책, 317면.
37 같은 책, 317면.
38 Varun Warrier et al., "Genome-Wide Analyses of Self-Reported Empathy", *Nature, Translational Psychiatry* (12 March 2018). 뤼트허르 브레흐만, 『휴먼카인드』, 319면에서 재인용.
39 같은 글.

영생을 주는 소녀 2

초판 발행_ 2024년 11월 11일

글쓴이_ 김민석
그린이_ 안정혜
펴낸이_ 정모세

펴낸곳_ 한국기독학생회출판부
등록번호_ 제313-2001-198호(1978.6.1)
주소_ 04031 서울시 마포구 동교로 156-10
대표 전화_ (02)337-2257 팩스_ (02)337-2258
영업 전화_ (02)338-2282 팩스_ 080-915-1515
홈페이지_ www.ivp.co.kr 이메일_ ivp@ivp.co.kr
ISBN 978-89-328-1776-7
　　　978-89-328-2304-1 (세트)

ⓒ 김민석, 안정혜 2024

책값은 뒤표지에 있습니다.
무단 전재와 복제를 금합니다.